Navigare nella Mente: Percorsi per Gestire Ansia, Attacchi di Panico e Depressione

Dalla comprensione alla pratica: strategie, terapie e risorse per ritrovare l'equilibrio e rafforzare il benessere mentale.

Ester Heaven

1. Introduzione

La mente umana è una tela intricata di emozioni, pensieri, ricordi e percezioni. A volte, sotto la pressione delle circostanze esterne o dei demoni interiori, la mente può reagire con risposte emotive come l'ansia, gli attacchi di panico e la depressione. Questi stati mentali, se non gestiti, possono avere un impatto significativo sulla nostra qualità della vita e sul nostro benessere complessivo.

Definizione di ansia, attacchi di panico e depressione.

- **Ansia:** L'ansia è una risposta naturale e spesso sana alle sfide della vita. Si manifesta come una sensazione di preoccupazione, nervosismo o paura di eventi imminenti o futuri. Tuttavia, quando l'ansia diventa eccessiva o cronica, può ostacolare la normale funzione quotidiana.
- **Attacchi di Panico:** Gli attacchi di panico sono episodi intensi di paura o terrore che possono svilupparsi rapidamente e raggiungere il picco entro pochi minuti. Gli individui che ne soffrono possono sperimentare sintomi come sudorazione, battito cardiaco accelerato, tremori, sensazione di soffocamento, e una paura irrazionale di morire o perdere il controllo.

- **Depressione:** La depressione, al contrario dell'ansia e degli attacchi di panico, è caratterizzata da un persistente senso di tristezza, disinteresse e disperazione. Può influenzare l'umore, i pensieri, il comportamento e la salute fisica complessiva di una persona.

Differenze e somiglianze tra i tre.
Differenze:

- *Natura:* Mentre l'ansia è spesso legata a preoccupazioni per il futuro, la depressione è generalmente associata a sentimenti di disperazione e tristezza riguardo al presente o al passato. Gli attacchi di panico, d'altro canto, sono episodi acuti e intensi che possono emergere senza un evidente trigger.
- *Sintomi:* L'ansia può causare insonnia, pensieri ossessivi e tensione muscolare. La depressione può portare a sentimenti di inutilità, perdita di interesse nelle attività e disturbi del sonno. Gli attacchi di panico presentano sintomi fisici acuti come difficoltà respiratorie e vertigini.

Somiglianze:

- *Origine:* Tutti e tre possono derivare da un mix di cause biologiche, chimiche, ambientali e psicologiche.
- *Impatto sulla vita quotidiana:* Non gestiti, tutti e tre possono ostacolare gravemente la normale funzione quotidiana e ridurre la qualità della vita.

- *Trattamento:* Sebbene le modalità specifiche di trattamento possano variare, terapie come la TCC (Terapia Cognitivo-Comportamentale) e certi farmaci possono essere efficaci per tutte e tre le condizioni.

Concludendo questa introduzione, è essenziale comprendere che, nonostante le loro differenze, l'ansia, gli attacchi di panico e la depressione sono tutti indicatori del fatto che la mente sta cercando di comunicare un bisogno o gestire un sovraccarico. Riconoscere, accettare e affrontare questi stati con empatia e cura è il primo passo verso il recupero.

2. Storia e Statistiche • Evoluzione storica della comprensione di queste condizioni. • Statistiche correnti sull'incidenza e la prevalenza.

2. Storia e Statistiche

Evoluzione storica della comprensione di queste condizioni.

La storia della comprensione dell'ansia, degli attacchi di panico e della depressione è lunga e varia, riflettendo le mutevoli opinioni culturali, scientifiche e sociali su questi disturbi.

- **Antichità:** Le antiche civiltà, come i Greci e i Romani, riconoscevano condizioni che somigliavano alla depressione e all'ansia. I termini come "melanconia" erano usati per descrivere la tristezza e la letargia. I medici dell'epoca attribuivano queste condizioni a uno squilibrio dei "umori" nel corpo.

- **Medioevo:** Durante il Medioevo, le condizioni mentali erano spesso viste attraverso una lente religiosa o superstiziosa. La depressione e l'ansia erano talvolta considerate come manifestazioni di possessione demoniaca o come punizione divina.

- **Rinascimento:** Con l'età del Rinascimento e l'illuminismo, vi fu una maggiore enfasi sul razionalismo e la scienza. La comprensione delle malattie mentali iniziò a spostarsi verso un approccio più medico e meno spirituale.

- **19° e 20° secolo:** Con l'avvento della psicologia come disciplina scientifica, personaggi come Sigmund Freud e Carl Jung hanno iniziato ad analizzare l'ansia e la depressione da una prospettiva psicoanalitica. Nel 20° secolo, con l'evoluzione della psichiatria, i trattamenti per queste condizioni diventarono più raffinati, utilizzando terapie parlanti e, eventualmente, farmaci.

- **Età contemporanea:** Oggi, con l'avanzamento delle neuroscienze e della psicofarmacologia, c'è una comprensione molto più profonda delle basi biologiche di queste condizioni. L'ansia, gli attacchi di panico e la depressione sono riconosciuti come problemi di salute mentale legittimi che possono essere trattati con una combinazione di terapia, farmaci e altre modalità.

Statistiche correnti sull'incidenza e la prevalenza.

Nota: Le seguenti statistiche sono basate su dati fino al 2022 e possono variare in base alla regione e alle fonti.

- **Ansia:** Secondo l'Organizzazione Mondiale della Sanità (OMS), circa 1 persona su 13 a livello

globale soffre di ansia, rendendola il disturbo
mentale più comune.

- **Attacchi di Panico:** Si stima che circa il 2-3%
  della popolazione mondiale soffra di disturbo di
  panico in un dato momento, con le donne che
  sono due volte più suscettibili degli uomini.
- **Depressione:** L'OMS riferisce che oltre 264
  milioni di persone di tutte le età soffrono di
  depressione in tutto il mondo. La depressione è
  una delle principali cause di disabilità e
  contribuisce in modo significativo al carico
  globale delle malattie.

Queste statistiche sottolineano l'importanza di
affrontare e trattare queste condizioni, dato
l'ampio impatto che possono avere su individui e
comunità in tutto il mondo. Mentre la nostra
comprensione e i trattamenti per l'ansia, gli
attacchi di panico e la depressione hanno fatto
progressi significativi nel corso degli anni, c'è
sempre più da fare per garantire che coloro che
soffrono ricevano il sostegno e le cure di cui
hanno bisogno.

3. Cause e Fattori di Rischio

Il manifestarsi dell'ansia, degli attacchi di panico
e della depressione può essere influenzato da una
varietà di fattori. La comprensione di questi
fattori può aiutare nella diagnosi, nel trattamento
e nella prevenzione di tali disturbi.

Genetica:

- **Predisposizione Familiare:** La ricerca ha
dimostrato che individui con familiari di primo
grado (genitori, fratelli, sorelle) affetti da ansia o
depressione hanno un rischio maggiore di
sviluppare questi disturbi rispetto a chi non ha
una storia familiare.
- **Studi sui Gemelli:** Gli studi condotti su gemelli
mono e dizigoti suggeriscono un ruolo della
genetica nella suscettibilità a questi disturbi. Se
un gemello ha un disturbo, l'altro gemello ha una
probabilità maggiore di sviluppare lo stesso
disturbo, specialmente tra i gemelli monozigoti.

Ambientale:

- **Traumi e Stress:** Eventi traumatici, come
abusi fisici o emotivi, incidenti gravi o la perdita

di un caro, possono innescare ansia, attacchi di panico e depressione. Allo stesso modo, lo stress cronico, come problemi finanziari, difficoltà lavorative o tensioni relazionali, può aumentare il rischio.

- **Fattori di Sviluppo:** Le esperienze avverse nell'infanzia, come la negligenza o l'abbandono, possono predisporre un individuo a sviluppare questi disturbi in età adulta.

Biologica e Neurologica:

- **Squilibrio Chimico:** Questi disturbi sono spesso associati a squilibri nei neurotrasmettitori cerebrali come la serotonina, la dopamina e il noradrenalina.
- **Struttura Cerebrale:** Alcune ricerche suggeriscono che le aree del cervello coinvolte nella regolazione dell'umore e delle emozioni, come l'ippocampo o l'amigdala, possono funzionare diversamente nelle persone affette da ansia o depressione.
- **Fattori Ormonali:** Squilibri ormonali, come quelli legati alla tiroide o al ciclo mestruale, possono influenzare la predisposizione a questi disturbi.

Psicologica:

- **Personalità:** Individui con certi tratti di personalità, come il perfezionismo, la bassa autostima o la tendenza a vedere il mondo in modo negativo, possono essere più a rischio.
- **Credenze e Schemi di Pensiero:** Modelli di pensiero negativo, aspettative irrealistiche o credenze limitanti possono contribuire all'insorgenza e alla persistenza dell'ansia e della depressione.
- **Strategie di Coping Inefficaci:** La mancanza di capacità di gestire lo stress o di risolvere problemi può portare a una maggiore vulnerabilità a questi disturbi.

In conclusione, mentre ogni individuo è unico e la combinazione di cause e fattori di rischio può variare, è essenziale considerare un approccio olistico e multifattoriale quando si tratta di comprendere e trattare l'ansia, gli attacchi di panico e la depressione. La comprensione di questi fattori può aiutare i professionisti della salute mentale a fornire un'assistenza mirata e personalizzata.

4. Sintomi e Diagnosi • Manifestazioni fisiche e psicologiche. • Strumenti di diagnosi e criteri.

4. Sintomi e Diagnosi

La diagnosi tempestiva e accurata dell'ansia, degli attacchi di panico e della depressione è cruciale per garantire che gli individui ricevano il trattamento appropriato. La diagnosi si basa su una combinazione di manifestazioni fisiche, psicologiche e l'utilizzo di strumenti diagnostici standardizzati.

Manifestazioni fisiche e psicologiche:
Ansia:
- **Fisiche:** Sudorazione, tremori, tachicardia, difficoltà respiratorie, tensione muscolare, stanchezza, insonnia, e disturbi gastrointestinali.
- **Psicologiche:** Preoccupazione eccessiva, pensieri ossessivi, irritabilità, difficoltà di concentrazione, e sensazioni di "mente in bianco".

Attacchi di Panico:
- **Fisiche:** Battito cardiaco accelerato, sensazione di soffocamento, dolore al petto, vertigini, sensazione di irrealtà o distacco, tremori, e paura di morire.

- **Psicologiche:** Paura intensa o terrore, paura di perdere il controllo, e sensazione di catastrofe imminente.

Depressione:

- **Fisiche:** Cambiamenti nell'appetito o nel peso, insonnia o ipersonnia, stanchezza o mancanza di energia, rallentamento psicomotorio, e sintomi somatici come dolori o mal di testa senza causa apparente.
- **Psicologiche:** Sentimenti persistenti di tristezza o disperazione, perdita d'interesse o piacere nelle attività quotidiane, sentimenti di inutilità o colpa eccessiva, difficoltà di concentrazione, indecisione, e pensieri ricorrenti di morte o suicidio.

Strumenti di diagnosi e criteri:
La diagnosi clinica si basa su interviste dettagliate con il paziente, osservazioni cliniche e, talvolta, la somministrazione di questionari o scale di valutazione. Alcuni degli strumenti e criteri più comuni includono:

- **DSM-5 (Diagnostic and Statistical Manual of Mental Disorders, 5th Edition):** È il manuale di riferimento principale utilizzato dai professionisti della salute mentale negli Stati Uniti e in molte altre parti del mondo per diagnosticare disturbi mentali. Fornisce criteri diagnostici dettagliati per l'ansia, gli attacchi di panico e la depressione, tra gli altri disturbi.

- **ICD-10 (International Classification of Diseases, 10th Revision):** Simile al DSM, ma utilizzato più ampiamente a livello internazionale, specialmente in contesti medici.
- **Scala di valutazione di Hamilton per la depressione (HAM-D):** Uno strumento di valutazione clinica utilizzato per quantificare la gravità dei sintomi depressivi.
- **Scala di valutazione dell'ansia di Hamilton (HAM-A):** Uno strumento simile al HAM-D, ma focalizzato sui sintomi dell'ansia.
- **Questionario sulle preoccupazioni e sull'ansia (GAD-7):** Un breve auto-questionario utilizzato per valutare la gravità dei sintomi del disturbo d'ansia generalizzata.

È importante notare che la diagnosi dovrebbe sempre essere effettuata da un professionista della salute mentale qualificato, e che questi strumenti e criteri sono utilizzati per supportare, e non sostituire, il giudizio clinico.

5. Impatto sulla Vita Quotidiana

L'ansia, gli attacchi di panico e la depressione non influenzano solo l'individuo a livello interno. Questi disturbi possono avere profonde ripercussioni sulla vita quotidiana, influenzando le relazioni, la carriera e l'autostima.

Relazioni:

- **Isolamento Sociale:** Molti individui con ansia o depressione possono tendere a isolarsi, evitando interazioni sociali e ritirandosi dalle relazioni.

- **Difficoltà nelle Relazioni Intime:** La depressione e l'ansia possono portare a irritabilità, sensibilità e difficoltà a comunicare, influenzando negativamente le relazioni di coppia o familiari.

- **Sovraccarico per i Partner o Familiari:** Le persone vicine a chi soffre di queste condizioni possono sentirsi sopraffatte o impotenti di fronte alla sofferenza del loro caro, mettendo ulteriore stress sul rapporto.

Lavoro:

- **Assenteismo:** L'ansia e la depressione possono portare a frequenti assenze dal lavoro, riducendo la produttività e potenzialmente influenzando la carriera.
- **Diminuzione delle Prestazioni:** Difficoltà di concentrazione, affaticamento e mancanza di motivazione sono sintomi comuni che possono compromettere la qualità del lavoro.
- **Difficoltà nelle Relazioni Lavorative:** La tensione e l'irritabilità possono influenzare le interazioni con colleghi e superiori, portando a conflitti sul luogo di lavoro.

Autostima:

- **Senso di Inadeguatezza:** Molti individui con ansia o depressione possono sentire di non "essere all'altezza" o di essere "difettosi" in qualche modo.
- **Autocritica e Colpevolizzazione:** La tendenza a focalizzarsi sulle proprie mancanze o a rimuginare sugli errori può erodere ulteriormente la fiducia in se stessi.
- **Riluttanza a Cercare Aiuto:** La stigmatizzazione associata ai disturbi mentali, insieme a una bassa autostima, può impedire alle persone di cercare aiuto, convinte che "non

meritano" supporto o che non vi sia speranza per loro.

In sintesi, l'ansia, gli attacchi di panico e la depressione possono permeare ogni aspetto della vita quotidiana. È essenziale riconoscere e affrontare questi impatti, poiché il benessere complessivo e la qualità della vita di un individuo non sono definiti solo dalla sua salute mentale, ma anche dalle sue relazioni, dalla sua carriera e dalla percezione di sé stesso. Il supporto terapeutico e l'intervento precoce possono aiutare a mitigare questi effetti negativi e guidare gli individui verso un percorso di recupero e benessere.

6. Strategie di Coping • Tecniche di respirazione.
• Mindfulness e meditazione. • Gestione del
pensiero.

6. Strategie di Coping

Affrontare l'ansia, gli attacchi di panico e la
depressione richiede un insieme di strumenti e
tecniche che aiutino gli individui a gestire i loro
sintomi e a migliorare la loro qualità di vita. Ecco
alcune strategie di coping comuni e efficaci:

Tecniche di Respirazione:
- **Respirazione Diaframmatica:** Questa
  tecnica comporta l'inspirazione profonda
  attraverso il naso, permettendo al diaframma (e
  non solo al petto) di espandersi. L'espirazione
  avviene lentamente attraverso la bocca. Questo
  tipo di respirazione aiuta a calmare il sistema
  nervoso e ridurre i sintomi d'ansia.
- **Respirazione Contata:** L'individuo può
  inspirare lentamente contando fino a quattro,
  trattenere il respiro contando fino a quattro e poi
  espirare contando fino a quattro (o più, a
  seconda della comfortabilità). Questa tecnica
  aiuta a focalizzare la mente e regolare la
  respirazione.

- **Respirazione con Box Breathing:** Questa tecnica implica una pausa tra ogni fase del respiro. Si inspira per un conteggio di quattro, si trattiene il respiro per quattro, si espira per un conteggio di quattro e si pausa senza respirare per altri quattro secondi.

Mindfulness e Meditazione:

- **Attenzione al Presente:** La mindfulness incoraggia gli individui a rimanere focalizzati sul momento presente, accettando i propri pensieri e sentimenti senza giudizio. Questo può aiutare a ridurre il rimuginio e la preoccupazione.
- **Meditazione Guidata:** Ci sono molte applicazioni e risorse online che offrono meditazioni guidate specifiche per l'ansia e la depressione.
- **Body Scan:** Questa è una pratica di mindfulness in cui si presta attenzione a ogni parte del corpo, riconoscendo e rilasciando tensioni.

Gestione del Pensiero:

- **Tecniche di Ristrutturazione Cognitiva:** Queste sono strategie terapeutiche, spesso utilizzate nella terapia cognitivo-comportamentale, che aiutano gli individui a identificare e sfidare pensieri distorti o irrazionali che possono contribuire all'ansia o alla depressione.

- **Giornalismo:** Scrivere i propri pensieri e sentimenti può aiutare a chiarire e processare le emozioni. Può anche essere utile identificare modelli di pensiero o trigger specifici.
- **Definire Preoccupazioni in Momenti Specifici:** Se una persona trova che sta costantemente rimuginando o preoccupandosi, potrebbe essere utile designare un "momento di preoccupazione" specifico durante il giorno, limitando deliberatamente il tempo di preoccupazione al solo quel periodo.

Mentre queste strategie di coping possono essere utili, è importante ricordare che ciò che funziona per un individuo potrebbe non funzionare per un altro. L'approccio migliore è spesso sperimentare diverse tecniche per scoprire quali sono le più efficaci per la propria situazione unica. Inoltre, è sempre consigliabile cercare il supporto di un professionista della salute mentale quando si affrontano questi disturbi.

7. Terapie Cognitive Comportamentali (TCC) • Principi di base. • Efficacia e studi.

7. Terapie Cognitive Comportamentali (TCC)

La Terapia Cognitivo-Comportamentale (TCC) è una forma di psicoterapia focalizzata sulla modifica di pensieri e comportamenti problematici. Si basa sull'idea che i nostri pensieri, sentimenti, e comportamenti sono interconnessi e che la modifica dei pensieri negativi può portare a cambiamenti positivi nel comportamento e nelle emozioni.

Principi di base:

- **Identificazione dei Pensieri Distorti:** La TCC inizia aiutando l'individuo a riconoscere i suoi pensieri automatici e distorti, come le generalizzazioni o il pensare in termini di tutto o niente.
- **Sfida ai Pensieri Distorti:** Una volta identificati, questi pensieri vengono sfidati e l'individuo è incoraggiato a sostituirli con pensieri più equilibrati e realistici.
- **Cambiamento dei Comportamenti:** La TCC non si limita a modificare i pensieri, ma incoraggia anche l'individuo a cambiare comportamenti problematici. Questo può

includere affrontare situazioni che in passato erano state evitate a causa dell'ansia.

- **Compiti a Casa:** La TCC è spesso strutturata e focalizzata sugli obiettivi. Gli individui potrebbero ricevere "compiti" da completare tra una sessione e l'altra per mettere in pratica ciò che hanno appreso.
- **Abilità per il Problem Solving:** La terapia insegna agli individui strategie e tecniche per affrontare i problemi in modo più efficace e gestire lo stress.

Efficacia e studi:

- **Elevata Efficacia:** Numerosi studi hanno dimostrato che la TCC è particolarmente efficace nel trattamento dell'ansia, degli attacchi di panico e della depressione. Molte volte, la TCC si è dimostrata altrettanto efficace, se non di più, dei farmaci, soprattutto quando si considera il trattamento a lungo termine.
- **Durata del Trattamento:** La TCC è spesso un trattamento a breve termine, che può variare da 5-20 sessioni, a seconda della gravità dei sintomi e di altri fattori individuali.
- **Studi e Ricerche:** La TCC è una delle terapie più studiate. Ricerche come quelle pubblicate sul "Journal of the American Medical Association" e "The British Journal of Psychiatry" hanno

dimostrato l'efficacia della TCC nel ridurre i sintomi e migliorare la qualità della vita.

- **Applicazioni Online e Digitali:** Con l'avvento della tecnologia, sono state sviluppate numerose applicazioni e piattaforme digitali basate sulla TCC, offrendo ai pazienti risorse aggiuntive e accessibili.

In sintesi, la Terapia Cognitivo-Comportamentale è una forma di terapia altamente efficace e basata sull'evidenza per il trattamento dell'ansia, degli attacchi di panico e della depressione. Tuttavia, come per tutte le terapie, la sua efficacia può variare da individuo a individuo, e può essere influenzata dalla relazione terapeutica, dalla motivazione del paziente e da altri fattori.

8. Farmacoterapia

La farmacoterapia, ovvero il trattamento dei disturbi attraverso l'uso di farmaci, è una delle modalità di intervento più comuni per l'ansia, gli attacchi di panico e la depressione. È spesso utilizzata in combinazione con la psicoterapia per ottimizzare i risultati del trattamento.

Tipologie di farmaci:
1. **Antidepressivi:**
   - **Inibitori Selettivi della Ricaptazione della Serotonina (SSRI):** Come fluoxetina (Prozac), sertralina (Zoloft) e paroxetina (Paxil). Sono spesso prescritti per la depressione e per i disturbi d'ansia.
   - **Inibitori della Ricaptazione della Serotonina e Norepinefrina (SNRI):** Come venlafaxina (Effexor XR) e duloxetina (Cymbalta). Sono usati sia per la depressione che per alcuni disturbi d'ansia.
   - **Antidepressivi Triciclici (TCA):** Come amitriptilina (Elavil) e nortriptilina (Pamelor). Anche se efficaci, sono meno usati rispetto ai SSRI a causa dei loro effetti collaterali.

2. **Benzodiazepine:** Farmaci come diazepam (Valium), lorazepam (Ativan), alprazolam (Xanax) e clonazepam (Klonopin) sono spesso utilizzati per il trattamento acuto dell'ansia e degli attacchi di panico a causa del loro rapido effetto calmante. Tuttavia, possono portare a dipendenza se usati per periodi prolungati.
3. **Beta-bloccanti:** Come propranololo (Inderal) possono essere usati per trattare sintomi fisici dell'ansia, come il tremore.
4. **Antipsicotici:** In alcuni casi, farmaci come quetiapina (Seroquel) e risperidone (Risperdal) possono essere utilizzati a dosi basse per potenziare l'effetto degli antidepressivi.
5. **Agonisti della Serotonina (Buspirone):** Buspirone (Buspar) è utilizzato per trattare i disturbi d'ansia generalizzata. Ha un meccanismo d'azione diverso rispetto alle benzodiazepine e non causa dipendenza.

Benefici e effetti collaterali:

- **Benefici:** I farmaci possono offrire un sollievo significativo dai sintomi e possono funzionare velocemente, specialmente nel caso delle benzodiazepine. In molti casi, i farmaci possono essere una componente fondamentale del piano di trattamento.
- **Effetti Collaterali:** Gli effetti collaterali variano in base al farmaco, ma possono includere nausea,

aumento di peso, diminuzione della libido,
insonnia, affaticamento, secchezza delle fauci,
vertigini, e, in alcuni casi, pensieri suicidari. Le
benzodiazepine possono portare a sonnolenza e
dipendenza.

È essenziale che gli individui lavorino
strettamente con i loro medici per monitorare gli
effetti collaterali e assicurarsi che il farmaco sia
efficace. Ogni persona reagisce ai farmaci in
modo diverso, quindi potrebbero essere necessari
aggiustamenti delle dosi o cambiamenti nella
medicazione. Il processo di trovare il giusto
farmaco o combinazione di farmaci può
richiedere tempo e pazienza.

9. Tecniche di Rilassamento • Muscolare progressivo. • Visualizzazione guidata.

9. Tecniche di Rilassamento

Il rilassamento è fondamentale per gestire efficacemente l'ansia, gli attacchi di panico e i sintomi della depressione. Il corpo e la mente sono strettamente connessi e, tramite tecniche di rilassamento, si può raggiungere uno stato di calma e equilibrio interiore che può aiutare a contrastare i sintomi negativi.

Muscolare Progressivo:

Il rilassamento muscolare progressivo (RMP) è una tecnica sviluppata dal Dr. Edmund Jacobson negli anni '30. Si basa sull'idea di creare una maggiore consapevolezza delle tensioni muscolari e di imparare a rilasciarle.

- **Procedura:**
    1. Si inizia focalizzandosi su un gruppo muscolare specifico, ad esempio i muscoli delle mani.
    2. Si contrae il gruppo muscolare scelto per 5-10 secondi (senza causare dolore).
    3. Si rilascia la tensione e si presta attenzione alle sensazioni di rilassamento per circa 20-30 secondi.
    4. Si passa al prossimo gruppo muscolare.

5. Questo processo viene ripetuto per vari gruppi muscolari in tutto il corpo.

- **Benefici:** Questa tecnica aiuta a identificare e rilasciare tensioni, promuovendo un profondo senso di rilassamento. È particolarmente utile per chi soffre di ansia somatizzata sotto forma di tensione muscolare.

Visualizzazione Guidata:

La visualizzazione guidata è una tecnica di rilassamento mentale in cui si immagina un luogo o una scena pacifica e rilassante. Può essere praticata individualmente o con la guida di un terapeuta o una registrazione audio.

- **Procedura:**
    1. Si trova una posizione comoda, si chiudono gli occhi e si respira profondamente.
    2. Si immagina un luogo sicuro e tranquillo, come una spiaggia, una foresta o un prato. È importante coinvolgere tutti e cinque i sensi: cosa si vede, si sente, si tocca, si odora e si assapora in questo luogo?
    3. Si rimane in questo luogo immaginario per 10-20 minuti (o quanto desiderato), immergendosi completamente nell'esperienza e lasciando andare qualsiasi stress o preoccupazione.
- **Benefici:** La visualizzazione guidata può ridurre lo stress, migliorare l'umore e promuovere un

profondo senso di pace e tranquillità. È particolarmente utile per coloro che sono visivi o che amano usare la loro immaginazione come strumento di rilassamento.

Entrambe queste tecniche possono essere praticate individualmente o integrate in una routine di rilassamento più ampia. Sono strumenti efficaci per ridurre l'ansia, gestire lo stress e promuovere il benessere generale.

10. Alimentazione e Ansia

L'alimentazione può avere un impatto significativo sull'umore e sui livelli di ansia. Mentre la dieta da sola non può curare i disturbi d'ansia, può sicuramente aiutare a modulare l'intensità dei sintomi e contribuire a un benessere generale.

Nutrienti chiave:

1. **Magnesio:** Questo minerale può aiutare a calmare il sistema nervoso e ridurre i livelli di stress. Alimenti ricchi di magnesio includono verdure a foglia verde, noci, semi, e cereali integrali.

2. **Omega-3:** Gli acidi grassi omega-3 hanno proprietà anti-infiammatorie e possono aiutare a regolare l'umore. Fonti di omega-3 includono pesci grassi come salmone, sgombro, e sardine, oltre a semi di lino e noci.

3. **Vitamina B:** Le vitamine del complesso B aiutano a mantenere il sistema nervoso sano. Alimenti come uova, carni magre, cereali integrali e legumi sono ricchi di vitamine B.

4. **Antiossidanti:** La vitamina C, la vitamina E e il selenio aiutano a ridurre lo stress ossidativo nel

corpo. Frutta e verdura colorate, noci, semi e alcuni tipi di pesce sono buone fonti di antiossidanti.

5. **Triptofano:** Questo amminoacido è un precursore della serotonina, un neurotrasmettitore chiave nell'umore e nell'ansia. Alimenti come tacchino, banana, semi di sesamo e tofu sono ricchi di triptofano.

Alimenti da evitare:

1. **Caffeina:** Troppa caffeina può innescare o aggravare i sintomi d'ansia. È importante moderare l'assunzione di caffè, tè nero, cioccolato e alcune bevande energetiche.

2. **Zucchero e Alimenti ad Alto Indice Glicemico:** Gli sbalzi di zucchero nel sangue possono peggiorare l'umore e l'ansia. Evitare zuccheri raffinati e cibi ad alto indice glicemico come dolci, bevande zuccherate e alcuni prodotti da forno.

3. **Alcool:** Mentre può sembrare che l'alcol rilassi inizialmente, può in realtà aumentare l'ansia una volta che gli effetti iniziali si sono dissolti. Inoltre, l'abuso di alcool può interferire con i farmaci e causare una serie di altri problemi di salute.

4. **Cibi Processati e Fast Food:** Questi alimenti possono contenere additivi, conservanti e altre

sostanze che possono avere un impatto negativo sull'umore e l'ansia.

5. **Alimenti Ricchi di Sodio:** Un eccesso di sale può alterare il sistema neurochimico, influenzando l'umore.

È sempre consigliabile consultare un nutrizionista o un medico prima di apportare grandi modifiche alla dieta, specialmente se si stanno assumendo farmaci o se si hanno condizioni mediche preesistenti.

11. Esercizio Fisico

L'esercizio fisico gioca un ruolo cruciale nel promuovere il benessere mentale e nel gestire condizioni come l'ansia e la depressione. Non solo offre benefici fisici, ma anche psicologici che possono aiutare a migliorare l'umore e ridurre lo stress.

Benefici per l'umore:

1. **Rilascio di Endorfine:** L'esercizio stimola la produzione di endorfine, sostanze chimiche cerebrali che agiscono come analgesici naturali e migliorano l'umore.
2. **Riduzione dei Livelli di Stress:** L'esercizio fisico aiuta a ridurre i livelli degli ormoni dello stress, come il cortisolo, e promuove la produzione di neurotrasmettitori che migliorano l'umore, come la serotonina.
3. **Miglioramento del Sonno:** Una regolare attività fisica può aiutare a stabilizzare i ritmi circadiani, migliorando la qualità e la durata del sonno.
4. **Maggiore Autostima:** Raggiungere obiettivi legati all'attività fisica, come correre una certa

distanza o sollevare un certo peso, può aumentare l'autostima.

5. **Distrazione Positiva:** L'esercizio fornisce un'opportunità per staccare la mente dai pensieri negativi o dai problemi quotidiani.

6. **Promozione della Neurogenesi:** Alcune ricerche suggeriscono che l'esercizio fisico può promuovere la crescita di nuove cellule nervose e migliorare la plasticità cerebrale.

Tipi di esercizio consigliati:

1. **Cardio:** Come camminare, correre, nuotare o andare in bicicletta. Questi tipi di esercizi stimolano il cuore e il sistema respiratorio e possono aiutare a migliorare l'umore attraverso il rilascio di endorfine.

2. **Yoga:** Combina postura, respirazione e meditazione. Può aiutare a migliorare la flessibilità, la forza e l'equilibrio, mentre promuove anche la calma e la consapevolezza.

3. **Tai Chi:** Una forma di arte marziale che enfatizza movimenti lenti e meditativi. Può migliorare l'equilibrio, la forza e la flessibilità, e promuovere la calma interiore.

4. **Allenamento di Resistenza:** Come sollevamento pesi o esercizi con bande elastiche. Oltre a costruire la forza muscolare, può aiutare a migliorare l'umore e la resistenza allo stress.

5. **Esercizi di Flessibilità:** Come stretching o pilates, aiutano a mantenere i muscoli flessibili e a prevenire lesioni.

6. **Sport di Squadra:** Oltre ai benefici fisici, gli sport di squadra possono promuovere il senso di appartenenza, la socializzazione e lo spirito di squadra.

Ricordarsi che la chiave è trovare una forma di esercizio che si ama e che si può mantenere a lungo termine. Non è necessario diventare un atleta d'élite; anche brevi sessioni di attività fisica possono offrire benefici significativi per l'umore e il benessere generale.

12. Importanza del Sonno

Il sonno è fondamentale per la salute fisica e mentale. Una buona qualità del sonno permette al corpo e alla mente di rigenerarsi, consolidare la memoria, e mantenere l'equilibrio dei processi fisiologici. La privazione del sonno può avere effetti profondi sull'umore, la cognizione e il benessere generale.

Conseguenze della privazione del sonno:

1. **Alterazioni dell'Umore:** Irritabilità, sbalzi d'umore, e una maggiore predisposizione a stress e ansia.
2. **Diminuzione delle Funzioni Cognitive:** Compromissione della memoria, della concentrazione, e della capacità decisionale.
3. **Problemi Fisici:** Aumento del rischio di malattie come l'obesità, il diabete, e le malattie cardiovascolari. Aumento della percezione del dolore e riduzione del sistema immunitario.
4. **Alterazioni Ormonali:** Squilibri nella produzione di ormoni come il cortisolo (l'ormone dello stress) e la melatonina (l'ormone del sonno).

5. **Aumento del Rischio di Incidenti:** La stanchezza può ridurre i riflessi e la capacità di reazione, aumentando il rischio di incidenti stradali o sul lavoro.

6. **Compromissione del Sistema Immunitario:** La privazione del sonno può indebolire le difese naturali dell'organismo.

7. **Problemi di Salute Mentale:** Un prolungato deficit di sonno può contribuire all'insorgenza o all'aggravarsi di condizioni come depressione, ansia e disturbi psicotici.

Strategie per dormire meglio:

1. **Routine Regolare:** Andare a letto e svegliarsi alla stessa ora tutti i giorni, anche nei weekend, per stabilizzare il ritmo circadiano.

2. **Ambiente Favorevole:** Una camera da letto fresca, buia e silenziosa può facilitare il sonno. Investire in tende oscuranti, tappi per le orecchie o macchine del rumore bianco se necessario.

3. **Limitare l'Esposizione alla Luce Blu:** Ridurre l'uso di dispositivi elettronici come smartphone e computer almeno un'ora prima di andare a letto.

4. **Evitare Caffeina e Alcol:** Specialmente nelle ore serali, poiché possono interferire con la qualità del sonno.

5. **Rilassamento Prima di Dormire:** Tecniche come la lettura, l'ascolto di musica rilassante, la

meditazione o il bagno caldo possono aiutare a prepararsi al sonno.

6. **Alimentazione:** Evitare pasti pesanti prima di andare a letto. Preferire cibi leggeri e che promuovono il sonno come quelli ricchi di triptofano (banane, tacchino, latte).

7. **Esercizio Fisico:** L'attività fisica regolare può migliorare la qualità del sonno, ma è meglio evitarla nelle ore immediatamente precedenti il riposo notturno.

8. **Limitare i Pisolini:** Se si sente la necessità di fare un pisolino durante il giorno, è meglio limitarlo a 20-30 minuti e non troppo tardi nel pomeriggio.

9. **Consultare un Esperto:** Se i problemi di sonno persistono, può essere utile consultare un medico o uno specialista del sonno per valutare la presenza di disturbi come l'insonnia o l'apnea notturna.

Un sonno adeguato è fondamentale per la gestione dell'ansia e della salute mentale in generale. Adottando buone abitudini legate al sonno, si può migliorare significativamente la qualità della vita.

13. Strategie Naturali

Molti cercano approcci naturali per gestire ansia, attacchi di panico e sintomi depressivi. Questi metodi possono variare da erbe e integratori a oli essenziali. Tuttavia, è essenziale consultare un medico o uno specialista prima di iniziare qualsiasi terapia naturale, in quanto potrebbero interferire con farmaci o condizioni preesistenti.

Erbe e integratori:

1. **Passiflora (Passiflora incarnata):** Conosciuta per le sue proprietà sedative, spesso viene usata per trattare l'insonnia e l'ansia.
2. **Melissa (Melissa officinalis):** Può aiutare a ridurre l'ansia e migliorare il sonno.
3. **Valeriana (Valeriana officinalis):** Usata tradizionalmente come calmante e sonnifero.
4. **Ashwagandha (Withania somnifera):** Una pianta adattogena che può aiutare a ridurre lo stress e migliorare la resistenza all'ansia.
5. **Te verde (Camellia sinensis):** Contiene un amminoacido chiamato teanina che può avere un effetto rilassante sul cervello.
6. **Omega-3:** Gli acidi grassi Omega-3 possono aiutare a ridurre i sintomi della depressione.

7. **Magnesio:** Spesso considerato un rilassante naturale, può aiutare nella gestione dell'ansia.

8. **SAM-e (S-adenosilmetionina):** Un composto presente naturalmente nel corpo che può aiutare a migliorare i sintomi della depressione.

9. **5-HTP:** Un precursore della serotonina, potrebbe aiutare a migliorare l'umore.

10. **Bacopa monnieri:** Una pianta nootropica che può supportare la funzione cognitiva e ridurre l'ansia.

Oli essenziali:

1. **Lavanda:** Conosciuta per le sue proprietà rilassanti, spesso viene utilizzata per aiutare con l'insonnia e l'ansia.

2. **Camomilla:** Ha proprietà calmanti e può aiutare a ridurre l'ansia e lo stress.

3. **Bergamotto:** Può avere effetti antidepressivi e rilassanti.

4. **Arancia dolce:** Rilassante e lenitivo, spesso utilizzato per migliorare l'umore.

5. **Incenso:** Può aiutare a ridurre lo stress e la tensione.

6. **Ylang Ylang:** Può agire come un calmante e potrebbe aiutare a ridurre i sintomi dell'ansia.

7. **Cedro:** Conosciuto per le sue proprietà calmanti e stabilizzanti.

Ricorda sempre di fare un test cutaneo prima di applicare oli essenziali sulla pelle, o di utilizzare un diffusore per l'inalazione. Gli integratori e gli oli essenziali possono interagire con farmaci o avere effetti collaterali, quindi è essenziale consultare un professionista della salute prima dell'uso.

14. Mindfulness e Meditazione

La mindfulness e la meditazione sono diventate sempre più popolari come strumenti per la gestione dell'ansia, degli attacchi di panico e della depressione. Queste pratiche possono aiutare le persone a connettersi al momento presente, a riconoscere e accettare le proprie emozioni senza giudizio e a ridurre il rumore mentale.

Benefici:

1. **Riduzione dello Stress:** La mindfulness e la meditazione possono diminuire i livelli di cortisolo, l'ormone dello stress.
2. **Miglioramento dell'Attenzione:** Aiutano a migliorare la concentrazione e la capacità di focalizzarsi sul compito in corso.
3. **Riduzione dell'Ansia:** Praticare la mindfulness può ridurre i sintomi dell'ansia e gli attacchi di panico.
4. **Miglioramento dell'Umore:** Queste pratiche possono aumentare i livelli di serotonina, contribuendo a migliorare l'umore e a combattere la depressione.

5. **Riconoscimento delle Emozioni:** Aiutano a riconoscere e accettare le emozioni senza reagire in modo impulsivo.
6. **Incremento della Resilienza:** Rafforzano la capacità di affrontare le avversità e le sfide della vita.
7. **Promozione del Benessere Generale:** Oltre ai benefici psicologici, ci sono benefici fisici come la diminuzione della pressione sanguigna e il miglioramento del sistema immunitario.

Tecniche di base:
1. **Meditazione di Attenzione Focalizzata:** Questa tecnica coinvolge la focalizzazione su un particolare oggetto, suono o pensiero. Quando la mente inizia a vagare, la si riporta delicatamente all'oggetto di concentrazione.
2. **Meditazione di Consapevolezza Aperta:** Invece di concentrarsi su un singolo oggetto, si presta attenzione a tutto ciò che si sperimenta senza attaccamento o giudizio.
3. **Meditazione Guidata:** Questa tecnica impiega una guida esterna, come una registrazione o un insegnante, per condurre la meditazione.
4. **Meditazione Camminata:** Consiste nel camminare lentamente e deliberatamente, prestando attenzione a ogni passo e al contatto con il suolo.

5. **Meditazione del Respiro:** Concentrazione sulla respirazione, notando come l'aria entra ed esce dalle narici o come il petto e l'addome si sollevano e abbassano.

6. **Body Scan:** Consapevolezza progressiva di ogni parte del corpo, solitamente iniziando dai piedi e spostandosi verso l'alto.

7. **Meditazione Metta o di Amorevole Gentilezza:** Si focalizza sullo sviluppo di sentimenti di compassione e amorevole gentilezza verso se stessi e gli altri.

La pratica regolare della mindfulness e della meditazione può portare a profondi benefici nel tempo. Per iniziare, è consigliabile scegliere un momento tranquillo durante la giornata, anche solo per pochi minuti, e coltivare la pratica con costanza. Molte risorse, come app e corsi, possono aiutare i principianti ad avviarsi su questo percorso.

15. Journaling

Il journaling, ovvero l'atto di scrivere regolarmente in un diario o quaderno, è una pratica antica che ha dimostrato di offrire numerosi benefici psicologici. Molti individui scoprono che scrivere regolarmente i propri pensieri, emozioni e esperienze può aiutarli a elaborare eventi, comprenderli meglio e gestire sentimenti come l'ansia, la tristezza o la rabbia.

Scrivere come terapia:

1. **Elaborazione delle Emozioni:** Mettere per iscritto le proprie emozioni può aiutare a comprenderle e a gestirle meglio.
2. **Auto-riflessione:** Il journaling può offrire una prospettiva sui propri schemi comportamentali, aiutando a identificare aree di crescita o di cambiamento.
3. **Rilascio dello Stress:** Scaricare su carta preoccupazioni e stress può avere un effetto catartico.
4. **Miglioramento della Memoria:** Scrivere regolarmente può aiutare a rafforzare la memoria e la capacità di ricordare dettagli importanti.

5. **Impostazione degli Obiettivi:** Utilizzare un diario per tracciare obiettivi e progressi può fornire una sensazione di direzione e realizzazione.

6. **Problem Solving:** Scrivere di sfide o problemi può aiutare a vedere le situazioni da diverse prospettive e a trovare possibili soluzioni.

Suggerimenti per iniziare:

1. **Scegli un Quaderno o Diario:** Trova qualcosa che ti piace, che ti ispira a scrivere. Può essere un semplice quaderno o un diario elaborato.

2. **Stabilisci un Ritmo:** Non è necessario scrivere ogni giorno. Può essere settimanale o solo quando senti il bisogno. Trova una routine che funzioni per te.

3. **Crea un Ambiente Tranquillo:** Trova un luogo tranquillo per scrivere, lontano dalle distrazioni.

4. **Inizia con la Gratitudine:** Se ti trovi in difficoltà su cosa scrivere, elenca tre cose per cui sei grato quel giorno.

5. **Usa Prompt di Scrittura:** Ci sono molte liste di "prompt" o suggerimenti di scrittura online per aiutarti a iniziare. Ad esempio: "Qual è il mio ricordo più felice?" o "Come mi sento oggi e perché?"

6. **Non Giudicare:** Questo è il tuo spazio personale. Non c'è un modo giusto o sbagliato di

fare journaling. Non preoccuparti della grammatica o della perfezione. Concentrati sul processo di esprimere te stesso.

7. **Rivisita le Tue Scritture:** Dopo qualche tempo, torna indietro e rileggi ciò che hai scritto. Potresti scoprire schemi, intuizioni o realizzazioni importanti.

Ricorda, il journaling è uno strumento personale e flessibile. Può evolversi nel tempo in base alle tue esigenze e alle circostanze della tua vita. L'importante è trovare un approccio che ti faccia sentire bene e ti aiuti nel tuo percorso di autoscoperta e benessere.

16. Terapia con Animali

La terapia con animali, spesso chiamata "pet therapy", coinvolge l'utilizzo di animali come cani, gatti, cavalli e altri animali domestici per promuovere il benessere e aiutare nell'assistenza terapeutica. Questa forma di terapia può avvenire in una varietà di ambienti, tra cui ospedali, case di cura, scuole e centri di riabilitazione.

Benefici della pet therapy:

1. **Riduzione dello Stress e dell'Ansia:** La semplice presenza di un animale può avere un effetto calmante e ridurre i livelli di cortisolo, l'ormone dello stress.
2. **Miglioramento dell'Umore:** Interagire con gli animali può aumentare i livelli di serotonina e dopamina, che sono legati al benessere e alla felicità.
3. **Stimolazione Sociale:** Gli animali possono agire come catalizzatori sociali, facilitando le interazioni e la comunicazione tra le persone.
4. **Miglioramento della Mobilità Fisica:** La terapia con animali, in particolare con i cavalli, può aiutare a migliorare l'equilibrio, la forza e la coordinazione.

5. **Diminuzione del Dolore:** La presenza di un animale può ridurre la percezione del dolore, specialmente in pazienti con malattie croniche o in fase post-operatoria.
6. **Benefici Cognitivi:** Interagire con un animale può aiutare a stimolare la memoria e la concentrazione.

Studi e ricerche:
1. **Terapia Assistita da Cani in Ospedale:** Studi hanno mostrato che i pazienti che interagiscono con cani in un ambiente ospedaliero spesso riportano livelli ridotti di ansia e percezione del dolore.
2. **Terapia con Cavalli e PTSD:** La terapia equestre è stata utilizzata con successo per aiutare le persone con disturbo da stress post-traumatico (PTSD) a migliorare la loro fiducia e capacità di affrontare il trauma.
3. **Animali e Anziani:** Ricerche hanno evidenziato che la presenza di animali in case di riposo o di cura può ridurre i sintomi di depressione e aumentare la socializzazione tra gli anziani.
4. **Terapia Assistita da Animali e Autismo:** Alcuni studi indicano che la terapia con animali può aiutare a migliorare le competenze sociali e a ridurre i comportamenti problematici in individui con disturbi dello spettro autistico.

5. **Riduzione dell'Ipertensione:** Interagire regolarmente con animali domestici può portare a una diminuzione della pressione sanguigna e dei battiti cardiaci, offrendo benefici cardiovascolari.

La terapia con animali è una modalità di intervento che sfrutta il legame profondo tra esseri umani e animali. È importante ricordare che, mentre la pet therapy offre numerosi benefici, non sostituisce le terapie tradizionali, ma può essere utilizzata come complemento per potenziare i risultati terapeutici.

17. Tecniche di Distrazione

Le tecniche di distrazione sono strumenti utili per deviare temporaneamente l'attenzione da pensieri e sentimenti scomodi o distruttivi. Pur non essendo una soluzione a lungo termine per problemi profondi come l'ansia o la depressione, possono essere efficaci nell'offrire un sollievo immediato, specialmente in situazioni acute. Impegnarsi in attività piacevoli o coinvolgenti può aiutare a interrompere un ciclo di pensieri negativi e creare una pausa dallo stress quotidiano.

Hobby:

1. **Lettura:** Immergersi in un libro può offrire una via di fuga dalla realtà, permettendo alla mente di esplorare mondi diversi e storie avvincenti.
2. **Giardinaggio:** La connessione con la natura e il prendersi cura delle piante può avere effetti terapeutici e rilassanti.
3. **Cucina:** Preparare cibi, specialmente sperimentando nuove ricette, può essere un modo divertente e soddisfacente per distogliere la mente.

4. **Musica:** Suonare uno strumento o ascoltare la propria musica preferita può aiutare a elevare l'umore e ridurre lo stress.
5. **Sport:** Qualsiasi tipo di attività fisica, dal jogging alla danza, può rilasciare endorfine e promuovere il benessere.

Arte e creatività:
1. **Disegno e Pittura:** Esprimersi attraverso colori e forme può offrire un outlet per emozioni e sentimenti, aiutando a processarli in modo costruttivo.
2. **Scrittura Creativa:** Scrivere storie, poesie o semplici riflessioni può essere un modo per esplorare ed esprimere la propria interiorità.
3. **Fotografia:** Catturare momenti attraverso l'obiettivo può aiutare a vedere il mondo da prospettive diverse e apprezzare la bellezza circostante.
4. **Artigianato:** Attività come maglia, cucito, lavorazione del legno o creazione di gioielli possono essere meditative e offrire un senso di realizzazione.
5. **Teatro e Recitazione:** Immedesimarsi in un personaggio e raccontare storie attraverso la recitazione può essere un modo per esplorare emozioni e identità diverse.

L'importante è trovare attività che siano personalmente significative e piacevoli. Questi hobby e pratiche creative non solo offrono una pausa dalla routine quotidiana, ma possono anche aiutare a sviluppare nuove competenze, rafforzare la fiducia in se stessi e fornire un senso di realizzazione.

18. Limitare Stimolanti • Caffeina e zucchero. • Alcol e droghe.

18. Limitare Stimolanti

Gli stimolanti, come suggerisce il nome, sono sostanze che stimolano il sistema nervoso centrale, aumentando la vigilanza, l'attenzione e l'energia. Tuttavia, possono anche contribuire ad aumentare l'ansia, l'irrequietezza e altri sintomi associati. Limitare o monitorare l'assunzione di questi stimolanti può aiutare nella gestione dell'ansia e della depressione.

Caffeina e zucchero:
1. **Effetti della caffeina:** Anche se molte persone si affidano alla caffeina per un rapido stimolo energetico, in eccesso può causare nervosismo, battito cardiaco accelerato e insonnia. Per chi è già incline all'ansia, l'effetto stimolante della caffeina può exacerbare i sintomi.

2. **Riduzione della caffeina:** Non è necessario eliminare completamente il caffè o altre bevande caffeinate, ma è utile limitarne l'assunzione, specialmente nel pomeriggio e nella sera.

3. **Zucchero e fluttuazioni del livello di glucosio:** Un eccessivo consumo di zucchero può causare picchi e cali rapidi nei livelli di zucchero nel sangue, portando a sintomi come irritabilità, fatica e sbalzi d'umore.

4. **Opzioni alternative:** Optare per dolcificanti naturali, come il miele o lo sciroppo d'acero, o ridurre l'assunzione complessiva di zuccheri aggiunti può aiutare a mantenere un equilibrio emotivo.

Alcol e droghe:

1. **Alcol come depressore:** Anche se l'alcol può dare una sensazione temporanea di rilassamento, è in realtà un depressore del sistema nervoso. Ciò può intensificare i sentimenti di tristezza e apatia, soprattutto nel caso della depressione.

2. **Effetti delle droghe:** Alcune droghe, comprese quelle ricreative, possono causare paranoia, ansia e depressione. È essenziale essere consapevoli dei potenziali effetti collaterali e delle interazioni con altri farmaci o condizioni di salute.

3. **Assistenza professionale:** Per chi ha difficoltà a ridurre o interrompere l'uso di alcol o droghe,

può essere utile cercare supporto da professionisti o gruppi di auto-aiuto.

Ridurre l'assunzione di stimolanti può avere un effetto significativo sulla salute mentale. Se si decide di fare cambiamenti nella dieta o nello stile di vita, è importante farlo gradualmente e, se necessario, sotto la guida di un professionista sanitario.

19. Tecniche di Grounding • 5-4-3-2-1. • Grounding fisico.

19. Tecniche di Grounding

Le tecniche di grounding, o "ancoraggio", sono strategie utilizzate per aiutare le persone a connettersi con il presente e distogliere l'attenzione da pensieri e sensazioni angoscianti. Queste tecniche possono essere particolarmente utili per chi soffre di ansia, attacchi di panico, o disturbi legati a traumi. Ecco due metodi popolari di grounding:

5-4-3-2-1:
La tecnica 5-4-3-2-1 è una pratica di mindfulness che aiuta le persone a focalizzarsi sui loro cinque sensi per connettersi al momento presente. Ecco come funziona:

1. **5 Cose che vedi:** Identifica cinque oggetti che puoi vedere attorno a te. Può trattarsi di qualcosa di semplice come una sedia, una pianta o una finestra.

2. **4 Cose che senti:** Tocca o nota quattro cose che puoi sentire. Questo potrebbe includere la consistenza del tessuto della tua maglia, il freddo di un bicchiere d'acqua, o la sensazione del pavimento sotto i piedi.

3. **3 Cose che senti con l'udito:** Ascolta attentamente e identifica tre suoni. Potrebbero essere il ticchettio di un orologio, il canto degli uccelli o il rumore del traffico lontano.

4. **2 Cose che annusi:** Identifica due odori. Se non riesci a rilevare odori specifici, puoi pensare a due dei tuoi odori preferiti.

5. **1 Cosa che assapori:** Prendi un momento per identificare un sapore nella tua bocca. Può trattarsi del sapore residuo di un pasto o di un drink, o potresti prendere un sorso d'acqua o mangiare qualcosa per stimolare questo senso.

Grounding Fisico:

Questo metodo coinvolge l'uso del corpo per ancorarsi al presente attraverso il contatto fisico e la sensazione.

1. **Tocca oggetti attorno a te:** Senti la texture e la temperatura degli oggetti intorno. Potrebbe

essere il tavolo su cui appoggi la mano, il terreno sotto i piedi o la tessitura di un cuscino.

2. **Stretta dei piedi:** Spingi i piedi con forza sul pavimento e senti la connessione solida con la terra. Questa sensazione può aiutarti a sentirti più ancorato e presente.

3. **Respiro profondo:** Focalizzati sulla sensazione dell'aria che entra ed esce dalle narici o dal torace. Questo non solo aiuta nella consapevolezza, ma può anche calmare il sistema nervoso.

4. **Abbracciati:** Metti le braccia intorno a te stesso e stringi leggermente, sentendo il contatto e il calore del tuo corpo.

La chiave per queste tecniche è portare l'attenzione lontano dalla fonte di ansia o stress e tornare al qui e ora. Con la pratica, queste tecniche possono diventare strumenti rapidi ed efficaci per gestire momenti di intensa ansia o distrazione.

21. Supporto Sociale

Il supporto sociale gioca un ruolo cruciale nel benessere mentale e nella gestione di condizioni come ansia, attacchi di panico e depressione. Avere persone con cui condividere pensieri, sentimenti e preoccupazioni può offrire sollievo, comprensione e una prospettiva diversa. Esaminiamo come i gruppi di supporto e la rete di familiari e amici possono servire come pilastri di sostegno.

Gruppi di supporto:

1. **Ambiente accogliente:** I gruppi di supporto offrono un ambiente dove le persone possono condividere le proprie esperienze e sentimenti senza giudizio, sapendo che gli altri membri possono comprendere e relazionarsi con le loro sfide.
2. **Scambio di strategie:** I membri possono condividere strategie e risorse che hanno trovato utili, offrendo nuove prospettive e strumenti per affrontare la condizione.
3. **Rinforzo positivo:** Sentirsi accettati e compresi può fornire un significativo rinforzo

positivo, aiutando a ridurre l'isolamento e a rafforzare la fiducia in se stessi.

4. **Risorse professionali:** Molti gruppi sono moderati o supervisionati da professionisti che possono fornire informazioni, risorse e strategie basate su evidenze scientifiche.

Rete familiare e amici:

1. **Ascolto attivo:** Avere familiari e amici che ascoltano con empatia può fare una grande differenza. L'ascolto attivo senza giudizio permette a una persona di esprimersi e sentirsi valida.

2. **Aiuto pratico:** In momenti di crisi o difficoltà, familiari e amici possono offrire aiuto pratico, come accompagnare a un appuntamento medico, offrire un luogo tranquillo dove stare o semplicemente fare una passeggiata insieme.

3. **Promemoria positivi:** Gli amici e la famiglia possono ricordare a una persona i suoi punti di forza, le sue capacità e i momenti felici passati insieme, offrendo una prospettiva equilibrata durante i periodi difficili.

4. **Interventi tempestivi:** A volte, le persone vicine possono notare segnali di preoccupazione prima che la persona stessa li riconosca. Questi individui possono suggerire gentilmente di cercare aiuto professionale o di adottare strategie di coping.

La presenza di una rete di supporto solida può essere fondamentale per superare periodi difficili. Può non solo offrire sollievo emotivo, ma anche fornire risorse e strategie tangibili per affrontare le sfide della salute mentale.

22. Educare se stessi • Libri e risorse. • Seminari e corsi

22. Educare se stessi

L'educazione è uno strumento potente nella gestione dell'ansia, degli attacchi di panico e della depressione. Conoscere le proprie condizioni, le cause sottostanti, i trattamenti disponibili e le strategie di coping può fornire una sensazione di controllo e capacità. Esaminiamo come l'istruzione può essere acquisita attraverso varie risorse.

Libri e risorse:

1. **Libri specializzati:** Numerosi autori e esperti hanno scritto su questi argomenti, fornendo approfondimenti, ricerche e strategie per gestire le condizioni. Un buon libro può servire come guida e come fonte di conforto.
2. **Articoli accademici:** La ricerca continua a svilupparsi in questi campi, e leggere studi

recenti può fornire una comprensione aggiornata delle condizioni e dei trattamenti.

3. **Online:** Ci sono molti siti web affidabili, blog e forum che offrono informazioni, testimonianze personali e consigli su come affrontare ansia, attacchi di panico e depressione.

4. **App e tecnologia:** Diverse applicazioni mobili sono state sviluppate per aiutare a gestire e monitorare questi disturbi, offrendo tecniche di rilassamento, tracciamento dell'umore e altro.

Seminari e corsi:

1. **Workshop locali:** Spesso, centri di salute mentale, università o cliniche offrono seminari o workshop sul benessere mentale, la gestione dell'ansia e altre questioni correlate.

2. **Corsi online:** Con la crescente popolarità dell'apprendimento online, ci sono molti corsi disponibili che coprono questi argomenti, consentendo di apprendere al proprio ritmo.

3. **Conferenze:** Partecipare a conferenze sul benessere mentale può offrire l'opportunità di ascoltare da esperti del settore, imparare dalle ultime ricerche e connettersi con altri che condividono esperienze simili.

4. **Gruppi di discussione:** Oltre ai gruppi di supporto, ci sono gruppi di discussione focalizzati sull'educazione e l'apprendimento.

Questi possono fornire un forum per domande, discussioni e scambio di risorse.

Educarsi è un passo proattivo verso il benessere mentale. Oltre a fornire una migliore comprensione delle proprie condizioni, l'apprendimento continuo può anche infondere speranza, mostrando le molte strategie e risorse disponibili per vivere una vita piena e significativa.

23. Stabilire una Routine • Importanza della prevedibilità. • Consigli per creare una routine.

23. Stabilire una Routine

La routine può fornire una struttura e una prevedibilità nella vita di una persona, soprattutto in momenti di stress o incertezza. Una routine ben strutturata può aiutare a ridurre l'ansia, prevenire attacchi di panico e combattere i sintomi della depressione. Vediamo perché la routine è così importante e come stabilirne una efficace.

Importanza della prevedibilità:

1. **Riduzione dell'ansia:** Sapere cosa aspettarsi e quando aspettarselo può ridurre la sensazione di caos o di essere sopraffatti, fattori che possono scatenare o esacerbare l'ansia.

2. **Senso di controllo:** Avere una routine offre un senso di controllo sulla propria vita, il che può essere particolarmente rassicurante quando ci si sente impotenti o sopraffatti.

3. **Ottimizzazione del tempo:** Una routine aiuta a utilizzare al meglio il proprio tempo, assicurando che le attività quotidiane, come mangiare, dormire e dedicarsi al self-care, abbiano un posto designato nella giornata.

4. **Promozione di abitudini sane:** Stabilendo e seguendo una routine, è più facile incorporare abitudini sane come l'esercizio fisico, una corretta alimentazione e tecniche di rilassamento.

Consigli per creare una routine:

1. **Inizia in piccolo:** Non sentirti obbligato a pianificare ogni minuto della giornata. Inizia stabilendo una routine mattutina e serale, poi costruisci da lì.

2. **Sii realistico:** Assicurati che la tua routine sia fattibile. Non sovraccaricarti di compiti o aspettative.

3. **Incorpora il self-care:** Dedica del tempo ogni giorno per te stesso, che si tratti di leggere, meditare, fare una passeggiata o praticare un hobby.

4. **Rispetta i tuoi ritmi circadiani:** Se sei un mattiniero, programma le attività più impegnative al mattino. Se sei più attivo di sera, adatta di conseguenza la tua routine.

5. **Rivedi e adatta:** La vita cambia e, a volte, anche la routine deve cambiare. Valuta periodicamente la tua routine e apporta le modifiche necessarie.

6. **Coinvolgi gli altri:** Se vivi con familiari o coinquilini, coinvolgili nella tua routine. Questo può creare un ambiente di sostegno e aiutarti a rimanere in pista.

Stabilire una routine è un modo efficace per introdurre ordine e prevedibilità nella vita quotidiana, fornendo una struttura che può essere di grande aiuto nella gestione di ansia, attacchi di panico e depressione.

24. Limitare l'Esposizione ai Media

Viviamo in un'epoca in cui siamo costantemente bombardati da notizie, aggiornamenti e informazioni. Se da un lato l'accesso immediato alle notizie può essere utile, dall'altro può anche alimentare l'ansia e la preoccupazione, specialmente quando le notizie sono negative o allarmanti. Ecco perché limitare l'esposizione ai media può essere benefico e come si può fare.

Effetti dei media sull'ansia:

1. **Sovraccarico informativo:** L'incessante flusso di notizie può portare a una sensazione di sovraccarico, rendendo difficile distinguere tra ciò che è veramente importante e ciò che è semplicemente rumoroso.

2. **Rumore di fondo:** La costante esposizione alle notizie, anche se solo come rumore di fondo, può aumentare i livelli di stress e ansia.

3. **Rafforzamento delle paure:** Notizie negative o allarmanti possono intensificare paure o preoccupazioni esistenti, portando a sentimenti di impotenza o fatalismo.

4. **Distorsione della realtà:** I media tendono a dare risalto alle storie sensazionalistiche, che

possono non rappresentare accuratamente la realtà o la norma.

Consigli per disconnettersi:

1. **Stabilisci limiti:** Dedica momenti specifici della giornata per controllare le notizie o i social media, invece di farlo continuamente.
2. **Seleziona fonti affidabili:** Invece di seguire ogni fonte di notizie, scegli alcune che ritieni affidabili e imparziali. Questo può ridurre la quantità di informazioni conflittuali o sensazionalistiche.
3. **Notifiche silenziose:** Disattiva le notifiche dai siti di notizie o dalle app dei social media per ridurre le interruzioni e l'esposizione costante.
4. **Dedicati a disconnessioni digitali:** Designa alcune ore ogni giorno o intere giornate in cui ti disconnetti completamente dai dispositivi digitali.
5. **Crea spazi senza tecnologia:** Ad esempio, rendi la tua camera da letto un'area senza telefoni o televisori, favorendo un sonno migliore.
6. **Consuma notizie in modo attivo:** Invece di lasciarti passivamente sommergere dalle notizie, scegli consapevolmente ciò che desideri leggere o guardare. Questo ti dà una maggiore sensazione di controllo.

7. **Parla con qualcuno:** Se una particolare notizia ti turba, parlane con un amico, un familiare o un terapeuta. Mettere in parole i tuoi sentimenti può aiutarti a elaborarli.

Ricorda che sei in controllo del tuo consumo di media. Limitare l'esposizione e selezionare consapevolmente ciò che consumi può aiutarti a mantenere una prospettiva equilibrata e a ridurre l'ansia.

25. Ambiente di Vita • Creare uno spazio calmante. • L'importanza dell'ordine e della pulizia.

25. Ambiente di Vita

Il nostro ambiente di vita ha un profondo impatto sulla nostra salute mentale. Uno spazio disordinato o caotico può contribuire a sentimenti di stress, ansia e sovraccarico. Al contrario, un ambiente tranquillo, ordinato e pulito può promuovere sentimenti di calma, controllo e benessere. Ecco come e perché dovresti considerare l'importanza dell'ambiente in cui vivi nel tuo percorso di gestione dell'ansia e della depressione.

Creare uno spazio calmante:

1. **Colori rilassanti:** I toni neutri o pastello, come il blu, il verde o il beige, sono noti per promuovere sentimenti di calma. Considera di ridipingere o riarredare con questi colori in mente.
2. **Luce naturale:** La luce del sole ha numerosi benefici per la salute mentale. Cerca di massimizzare la luce naturale nella tua casa attraverso l'uso di tende trasparenti o spostando i mobili per non ostruire le finestre.
3. **Piante d'interno:** Le piante non solo purificano l'aria, ma anche offrono un senso di connessione con la natura, che può essere rilassante.
4. **Aromaterapia:** L'uso di oli essenziali come la lavanda o il bergamotto può creare un'atmosfera rilassante.
5. **Eliminare l'ingombro:** Riduci gli oggetti in eccesso e mantieni solo ciò che è essenziale o che ti porta gioia.
6. **Suoni calmanti:** Considera l'uso di fontane d'interno o di registratori di suoni della natura per creare un sottofondo rilassante.

L'importanza dell'ordine e della pulizia:

1. **Sensazione di controllo:** Mantenere la casa in ordine e pulita dà una sensazione di controllo sull'ambiente, che può ridurre l'ansia.

2. **Meno distrazioni:** Un ambiente ordinato riduce le distrazioni visive, permettendo una maggiore concentrazione e una sensazione di calma.

3. **Rinforzo positivo:** Completare compiti come pulire o riordinare può dare una sensazione di realizzazione, che è un potente rinforzo positivo.

4. **Riduzione degli allergeni:** Una casa pulita riduce la presenza di polvere e allergeni, che può migliorare la qualità dell'aria e, di conseguenza, la salute generale.

5. **Rituale rilassante:** Per molte persone, le attività di pulizia possono diventare rituali meditativi che aiutano a staccare la mente dai problemi.

Considera l'ambiente in cui vivi come un'estensione di te stesso. Creare e mantenere uno spazio che promuova la calma e il benessere può avere un impatto profondo sulla tua salute mentale.

26. Tecniche di Respirazione

Le tecniche di respirazione sono strumenti
potenti nella gestione dell'ansia e degli attacchi di
panico. La respirazione controllata può aiutare a
calmare il sistema nervoso, ridurre il battito
cardiaco e alleviare sintomi come vertigini o
palpitazioni. Due tecniche molto popolari sono la
respirazione diaframmatica e la tecnica 4-7-8.

Respirazione Diaframmatica:

La respirazione diaframmatica, anche nota come
respirazione profonda, coinvolge il diaframma –
un muscolo sottile e piatto situato alla base dei
polmoni. Questo tipo di respirazione è noto per
essere particolarmente rilassante.

1. **Come fare:**
   - Siediti o sdraiati in una posizione comoda.
   - Metti una mano sul petto e l'altra
     sull'addome.
   - Inspirando lentamente dal naso, fai in
     modo che il tuo addome si sollevi (la mano
     sul petto dovrebbe rimanere ferma).
   - Espira lentamente dalla bocca, sentendo
     l'addome abbassarsi.

- Ripeti per diversi minuti.

2. **Benefici:**
   - Calma il sistema nervoso.
   - Migliora l'ossigenazione del sangue.
   - Riduce la tensione muscolare.

Tecnica 4-7-8:

Questa tecnica, spesso definita come "respirazione rilassante", è semplice ma efficace per ridurre rapidamente l'ansia e aiutare a dormire meglio.

1. **Come fare:**
   - Siediti con la schiena dritta.
   - Chiudi la bocca e inspira silenziosamente attraverso il naso contando fino a 4.
   - Trattiene il respiro e conta fino a 7.
   - Espira completamente attraverso la bocca, facendo un suono sibilante, mentre conti fino a 8.
   - Questo completa un ciclo. Ripeti il ciclo per altre tre volte per un totale di quattro respiri.

2. **Benefici:**
   - Fornisce un focus mentale, distogliendo l'attenzione dai pensieri ansiosi.
   - Agisce come un "tranquillante naturale" per il sistema nervoso.

- Può essere utilizzato per addormentarsi più rapidamente o per calmarsi in situazioni stressanti.

L'incorporazione di queste tecniche di respirazione nella routine quotidiana o l'utilizzo in situazioni di elevato stress può offrire sollievo immediato da sintomi di ansia e tensione. Si raccomanda di praticarle regolarmente per massimizzare i benefici.

27. Setting di Obiettivi • Step piccoli. • Celebrare le vittorie.

27. Setting di Obiettivi

Stabilire obiettivi può essere un potente catalizzatore per il cambiamento positivo, specialmente quando ci si confronta con sfide come l'ansia, gli attacchi di panico o la depressione. Tuttavia, è cruciale avvicinarsi al setting di obiettivi in modo realistico e compassionevole. Ecco alcuni suggerimenti su come fare:

Step Piccoli:
1. **Definizione di obiettivi realizzabili:** Quando si lotta con problemi di salute mentale, anche le piccole sfide possono sembrare

insormontabili. Inizia con obiettivi realistici e tangibili.

2. **Suddividere in task gestibili:** Se un obiettivo sembra troppo grande, suddividilo in compiti più piccoli. Questo renderà l'obiettivo meno intimidatorio e ti darà la sensazione di progresso man mano che completi ogni task.

3. **Stabilire priorità:** Concentrati su ciò che è più urgente o significativo per te. Questo ti aiuterà a non sentirti sopraffatto.

Celebrare le Vittorie:

1. **Riconoscimento personale:** Prenditi un momento per riconoscere e apprezzare ogni passo avanti, anche se piccolo. Potrebbe essere qualcosa di semplice come scrivere in un diario o prendersi un momento di pausa e gratitudine.

2. **Ricompensarsi:** Quando raggiungi un obiettivo, anche se piccolo, tratta te stesso a qualcosa che ami. Potrebbe essere un libro, una passeggiata nel parco, o persino un dolcetto.

3. **Condividere con gli altri:** Parla dei tuoi successi con amici o familiari. Non solo questo ti darà un senso di realizzazione, ma potrebbe anche ispirare altri.

4. **Documentare il progresso:** Usa un diario, una bacheca di visualizzazione, o un'app di tracciamento per monitorare i tuoi successi.

Vedere quanto hai percorso può essere una potente motivazione per continuare.

Ricorda, il viaggio verso il benessere mentale è proprio questo: un viaggio. Non si tratta di raggiungere la destinazione il più velocemente possibile, ma di fare passi avanti, apprendere lungo il cammino e celebrare ogni progresso fatto. Attraverso il setting di obiettivi consapevole, puoi creare un sentiero strutturato e positivo verso la guarigione.

28. Ascoltare Musica • Frequenze calmanti. • Playlists consigliate.

28. Ascoltare Musica

La musica ha il potere di influenzare profondamente le nostre emozioni. Può sollevarci quando siamo giù, calmare una mente irrequieta o fornire conforto nei momenti difficili. Nell'ambito della gestione dell'ansia, degli attacchi di panico e della depressione, ecco come la musica può essere utilizzata come strumento terapeutico:

Frequenze Calmanti:
1. **Musica a 432 Hz:** Si crede che la musica accordata a 432 Hz sia più armoniosa e in linea

con le frequenze naturali dell'universo. Molti ascoltatori affermano di sentire un senso di pace e benessere quando ascoltano musica a questa frequenza.

2. **Suoni Binaurali:** Questi suoni sono creati quando due toni puri, con frequenze leggermente diverse, vengono ascoltati attraverso ciascun orecchio. Questo può aiutare a promuovere stati di relax, meditazione o addirittura sonno profondo.

3. **Musica con Suoni della Natura:** I suoni della pioggia, delle onde del mare o del canto degli uccelli possono avere un effetto calmante sul cervello, aiutando a ridurre l'ansia e lo stress.

Playlists Consigliate:

Se stai cercando playlist specifiche per aiutarti a gestire l'ansia o la depressione, ecco alcune raccomandazioni generali:

1. **Meditazione e Mindfulness:** Cerca playlist che combinano suoni rilassanti della natura con melodie dolci e ritmiche.

2. **Musica Classica Calmante:** Compositori come Johann Sebastian Bach, Wolfgang Amadeus Mozart e Ludovico Einaudi hanno scritto pezzi che sono noti per il loro effetto calmante.

3. **Jazz e Blues Rilassanti:** Artisti come Miles Davis, John Coltrane o Billie Holiday possono offrire un ascolto rilassante.
4. **Musica Strumentale:** La chitarra acustica, il pianoforte solitario o altri strumenti possono avere un effetto calmante e meditativo.
5. **Playlist Personalizzate:** Non dimenticare che la musica è altamente personale. Ciò che è rilassante per una persona potrebbe non esserlo per un'altra. Dedica del tempo a creare la tua playlist ideale, selezionando canzoni che ti danno un senso di pace e tranquillità.

Ricorda, l'obiettivo è trovare la musica che ti aiuta a sentirti ancorato, presente e calmo. Sperimenta diversi generi e stili per scoprire ciò che funziona meglio per te.

29. Tecniche di Visualizzazione

La visualizzazione è una potente pratica mentale che può aiutare a ridurre l'ansia, calmare la mente e rafforzare la resilienza emotiva. Quando pratichiamo la visualizzazione, ci immergiamo in immagini mentali rilassanti o positive, spesso accompagnate da sensazioni, suoni o persino odori associati. Questa pratica può offrire un rifugio temporaneo dai sentimenti negativi o dallo stress. Ecco alcune tecniche di visualizzazione che puoi esplorare:

Viaggi Mentali:

1. **Luoghi Tranquilli:** Immagina di essere in un luogo sereno come una spiaggia deserta, un bosco pacifico o un prato in fiore. Senti la brezza, ascolta i suoni e percepisci la bellezza di ciò che ti circonda.

2. **Ricordi Felici:** Rivivi nella tua mente un momento in cui ti sei sentito felice, rilassato o soddisfatto. Può essere un momento passato con persone care, una vacanza indimenticabile o un successo personale.

3. **Scenari Fantastici:** Lascia che la tua immaginazione ti porti in mondi fantastici, come

giardini incantati, città fluttuanti o pianeti lontani.

Visualizzazione Positiva:
1. **Affermazioni Visive:** Oltre a immaginare scenari, puoi anche visualizzare parole o affermazioni positive. Immagina parole come "calma", "pace" o "amore" che fluttuano intorno a te o che brillano dentro di te.
2. **Successo Futuro:** Visualizza te stesso mentre superi le sfide, raggiungi i tuoi obiettivi o vivi momenti di gioia. Questo può aiutarti a rafforzare la tua fiducia e la tua determinazione.
3. **Rilascio del Negativo:** Immagina un oggetto o una luce che rappresenta le tue preoccupazioni o il tuo stress. Visualizza te stesso mentre lo lasci andare, vedendolo svanire o trasformarsi in qualcosa di positivo.

Mentre pratiche la visualizzazione, ricorda di respirare profondamente e di permetterti di immergerti completamente nell'esperienza. Con la pratica regolare, la visualizzazione può diventare uno strumento prezioso per aiutarti a gestire l'ansia e promuovere il benessere mentale.

30. Rimedi Olistici

L'approccio olistico alla salute considera l'individuo come un tutto, integrando mente, corpo e spirito. Invece di concentrarsi solamente sulla rimozione dei sintomi, si concentra sulle cause sottostanti e sull'equilibrio generale del corpo. Qui ci focalizzeremo su due tecniche olistiche: i massaggi e la riflessologia.

Massaggi:

1. **Benefici:**
   - **Rilassamento Muscolare:** Aiuta a rilasciare tensioni muscolari e nodi.
   - **Aumento della Circolazione:** Migliora la circolazione sanguigna, promuovendo l'ossigenazione delle cellule e l'eliminazione delle tossine.
   - **Riduzione dello Stress:** La stimolazione fisica aiuta a rilasciare ormoni come l'ossitocina, che promuove il relax e il benessere.
   - **Miglioramento del Sonno:** Grazie al rilassamento profondo, può aiutare a combattere l'insonnia.

2. **Tipi di Massaggi:**
   - **Svedese:** Movimenti fluidi e delicati per promuovere il rilassamento generale.
   - **Deep Tissue:** Concentrato su aree problematiche, usando pressione più profonda.
   - **Aromaterapia:** Utilizza oli essenziali per migliorare l'effetto rilassante.

Riflessologia:

1. **Cos'è:** Una pratica che coinvolge la pressione su punti specifici (soprattutto sui piedi, ma anche sulle mani e sulle orecchie) che corrispondono a differenti organi e parti del corpo.
2. **Benefici:**
   - **Promuove il Rilassamento:** Spesso le persone si sentono profondamente rilassate dopo una sessione.
   - **Migliora la Circolazione:** Può aumentare la circolazione sanguigna e energetica nel corpo.
   - **Equilibrio Energetico:** La riflessologia è basata sull'idea che la pressione su punti specifici può aiutare a bilanciare l'energia vitale del corpo.
   - **Riduzione del Dolore:** Alcuni trovano sollievo dal dolore attraverso la riflessologia, specialmente per mal di testa, mestruazioni dolorose o disturbi digestivi.

3. **Come Funziona:** Un riflessologo userà mappature dettagliate dei piedi, delle mani e delle orecchie per determinare quali punti corrispondono a quali organi o parti del corpo. Attraverso la pressione e la manipolazione di questi punti, cercano di promuovere la salute e il benessere in tutto il corpo.

Entrambi i rimedi possono offrire sollievo da ansia, stress e tensione. È sempre una buona idea consultare un professionista esperto in questi metodi e discutere qualsiasi preoccupazione o condizione di salute che potresti avere prima di iniziare un trattamento.

31. Riduzione dello Stress

Lo stress è una risposta naturale del corpo a situazioni che percepisce come minacciose o impegnative. Tuttavia, uno stress cronico o eccessivo può portare a una serie di problemi di salute, inclusi disturbi dell'umore come ansia e depressione. Fortunatamente, esistono strategie efficaci per gestire e ridurre lo stress. In questa sezione, ci concentreremo sulla gestione del tempo e sulle tecniche di delega.

Gestione del Tempo:

1. **Priorità:** Identifica quali compiti sono più importanti e urgenti. Concentrati su di essi prima e posticipa o elimina quelli meno rilevanti.
2. **Pianificazione:** Usa un'agenda o un'app per pianificare le tue attività. Questo ti aiuterà a vedere dove il tuo tempo va e a fare spazio per le pause.
3. **Pausa:** Prenditi delle brevi pause durante la giornata, anche solo per cinque minuti, per respirare profondamente o fare una breve passeggiata. Questo può aiutarti a rinfrescare la mente e ridurre lo stress.

4. **Imposta Limiti:** Impara a dire "no" quando hai troppo sul piatto. Non sovraccaricarti di impegni.
5. **Evita il Multitasking:** Anche se può sembrare efficiente, il multitasking spesso riduce la qualità del lavoro e aumenta lo stress. Concentrati su un compito per volta.

Tecniche di Delega:

1. **Riconosci il Tuo Carico:** Accetta che non puoi fare tutto da solo. Riconoscere quando hai bisogno di aiuto è il primo passo per delegare efficacemente.
2. **Scegli le Persone Giuste:** Delega compiti a individui o team in cui hai fiducia e che possiedono le competenze necessarie per completare il compito.
3. **Comunicazione Chiara:** Quando deleghi, assicurati di fornire istruzioni chiare e precise. Stabilisci aspettative chiare riguardo ai risultati e ai tempi.
4. **Lascia Andare:** Una volta delegato, resisti alla tentazione di micromanage. Dai fiducia alle persone a cui hai delegato il compito e permetti loro di assumersi la responsabilità.
5. **Valuta e Fornisci Feedback:** Dopo che il compito è stato completato, passa del tempo a discutere i risultati, fornendo feedback costruttivo e riconoscendo gli sforzi.

Implementando una gestione del tempo efficace e tecniche di delega, non solo riduci lo stress, ma aumenti anche la tua produttività e il tuo benessere generale. Ricorda che prendersi cura di sé e del proprio benessere mentale è fondamentale per una vita equilibrata e felice.

32. Yoga e Pilates • Benefici per l'ansia. • Posizioni consigliate.

32. Yoga e Pilates

Sia lo yoga che il pilates sono discipline che integrano corpo, mente e spirito. Entrambe offrono benefici significativi per la salute mentale e possono aiutare a ridurre i sintomi di ansia e stress. Di seguito vengono esplorate le specificità di ciascuna pratica e come possono contribuire alla gestione dell'ansia.

Yoga:
Lo yoga è una pratica antica che ha origine in India, combinando posture fisiche, respirazione controllata e meditazione.

1. **Benefici per l'ansia:**
   - **Miglioramento della Respirazione:** Pratiche di respirazione come "pranayama" possono aiutare a calmare la mente e ridurre i sintomi d'ansia.

- **Flessibilità Mentale:** Attraverso le posture e la meditazione, lo yoga aiuta a rafforzare la capacità di affrontare lo stress e accettare il cambiamento.
- **Aumento della Consapevolezza del Corpo:** Creando un legame mente-corpo, lo yoga può aiutare a riconoscere e rispondere ai primi segni di stress e ansia.

2. **Posizioni consigliate:**
   - **Balasana (Posizione del Bambino):** Ottima per rilassarsi e allungare la schiena.
   - **Savasana (Posizione del Cadavere):** Ideale per la meditazione profonda e il rilassamento totale.
   - **Paschimottanasana (Piega in Avanti Seduta):** Aiuta a calmare il cervello e ad allungare la schiena.

Pilates:

Il pilates è una forma di esercizio che si concentra sulla forza del core, la flessibilità e la consapevolezza del corpo.

1. **Benefici per l'ansia:**
   - **Miglioramento della Concentrazione:** Il pilates richiede attenzione e concentrazione, il che può aiutare a distrarre da pensieri ansiosi.

- **Rafforzamento del Core:** Una forte muscolatura core può promuovere una postura migliore e una maggiore autostima.
- **Respirazione Controllata:** Simile allo yoga, il pilates incoraggia la respirazione profonda, che può ridurre i sintomi di ansia.

2. **Posizioni consigliate:**
   - **The Saw:** Rafforza la colonna vertebrale e apre la gabbia toracica, facilitando una respirazione profonda.
   - **The Hundred:** Promuove la forza del core e la respirazione controllata.
   - **Leg Circles:** Migliora la flessibilità dell'anca e rafforza gli addominali.

Sia lo yoga che il pilates possono essere integrati in una routine quotidiana per promuovere il benessere mentale e fisico. Prima di iniziare qualsiasi nuova pratica, è utile consultare un istruttore qualificato o un medico, specialmente se si hanno problemi di salute preesistenti.

33. Terapie Alternative

Le terapie alternative spesso si basano su tradizioni antiche e approcci holistici alla salute. Mentre molte persone trovano sollievo e benefici da queste terapie, è sempre consigliabile consultare un professionista sanitario prima di intraprendere nuovi trattamenti. Di seguito, esploreremo due popolari terapie alternative: l'acupuntura e il reiki.

Acupuntura:

L'acupuntura è una pratica tradizionale cinese che implica l'inserimento di aghi molto sottili in specifici punti del corpo. Si crede che stimolando questi punti, l'energia del corpo (o "qi") possa essere riequilibrata.

1. **Benefici per l'ansia:**
    - **Riequilibrio Energetico:** Si ritiene che l'acupuntura possa aiutare a bilanciare il flusso di "qi" nel corpo, riducendo potenzialmente i sintomi di ansia.
    - **Stimolazione del Sistema Nervoso:** La pratica potrebbe stimolare la produzione di neurotrasmettitori e ormoni che promuovono il benessere.

- **Rilassamento:** Molti pazienti riferiscono una sensazione di profondo rilassamento durante e dopo il trattamento.

Reiki:

Il reiki è una forma di terapia energetica di origine giapponese. Gli operatori di reiki utilizzano una tecnica chiamata "imposizione delle mani" per trasferire energia universale al paziente, promuovendo la guarigione e il benessere.

1. **Benefici per l'ansia:**
   - **Promozione dell'Equilibrio Energetico:** Si crede che il reiki riequilibri l'energia nel corpo, aiutando a ridurre lo stress e l'ansia.
   - **Rilassamento Profondo:** Molti riceventi descrivono un profondo stato di rilassamento e pace durante una sessione di reiki.
   - **Liberazione Emozionale:** Alcuni trovano che il reiki possa aiutare a liberare emozioni represse o a gestire traumi passati.

Mentre queste terapie sono considerate sicure per la maggior parte delle persone, è essenziale avvicinarsi con un'ottica aperta ma anche critica. Ciò che funziona per una persona potrebbe non essere efficace per un'altra. E, come sempre, se stai considerando terapie alternative per la gestione dell'ansia o di altre condizioni, è fondamentale discuterne con un professionista sanitario di fiducia.

34. Comprensione dei propri Trigger • Giornale delle emozioni. • Strategie di evitamento o affronto.

34. Comprensione dei propri Trigger

I trigger sono specifici stimoli o situazioni che possono provocare una reazione emotiva o fisica in un individuo. Quando si parla di ansia, depressione o attacchi di panico, identificare e comprendere i propri trigger può essere un passo fondamentale per la gestione e il controllo delle reazioni. Di seguito, esploriamo come riconoscere e affrontare questi trigger.

Giornale delle Emozioni:
Tenere un "giornale delle emozioni" può aiutare a identificare modelli o specifiche circostanze che portano a episodi di ansia o altri sintomi correlati.

1. **Come Utilizzarlo:**
   - **Registrazione Regolare:** Scrivi quotidianamente o ogni volta che

sperimenti un'alta ansia o altri sintomi
significativi.

- **Dettagli Specifici:** Annota dove ti trovi,
cosa stai facendo, chi è con te, e qualsiasi
altro dettaglio rilevante.
- **Reazioni Emotive e Fisiche:** Descrivi
come ti senti emotivamente e qualsiasi
sensazione fisica associata.

2. **Benefici:**

- **Riconoscimento dei Modelli:** Con il
tempo, potresti iniziare a vedere modelli
emergere, come specifiche situazioni o
persone che tendono a innescare la tua
ansia.
- **Autoconsapevolezza:** Avere una
registrazione scritta delle tue reazioni può
aiutarti a sviluppare una maggiore
consapevolezza delle tue risposte emotive.

Strategie di Evitamento o Affronto:
Una volta identificati i trigger, puoi decidere
come affrontarli.

1. **Evitamento:**

- Se possibile, potresti scegliere di evitare
situazioni o stimoli che sai che ti
causeranno ansia.
- Questa non è sempre la soluzione ideale,
poiché potrebbe limitare la tua capacità di

vivere una vita piena, ma può essere utile a breve termine.

2. **Affronto:**
   - **Preparazione:** Se sai che entrerai in una situazione che potrebbe essere un trigger, preparati mentalmente in anticipo. Questo potrebbe includere tecniche di respirazione, visualizzazione o altre strategie di coping.
   - **Esposizione Graduale:** Per alcuni, affrontare gradualmente e ripetutamente il trigger in un ambiente controllato può aiutare a desensibilizzare la risposta.
   - **Supporto:** Parla con qualcuno di fiducia della tua ansia e dei tuoi trigger. Potrebbero offrire sostegno, comprensione e consigli.

La comprensione dei propri trigger è un percorso individuale. Ciò che funziona per una persona potrebbe non funzionare per un'altra. La chiave è l'autoconsapevolezza, la pazienza e la ricerca di supporto quando necessario.

Conclusione e Mantenimento • Mantenere i benefici nel tempo. • Risorse per ulteriore supporto.

35. Conclusione e Mantenimento

Dopo aver affrontato una serie di strategie e risorse per gestire l'ansia, gli attacchi di panico e la depressione, è fondamentale considerare come mantenere i benefici ottenuti nel tempo. La gestione di queste condizioni non si tratta solo di trovare un sollievo temporaneo, ma di instaurare abitudini a lungo termine che sostengano il benessere mentale.

Mantenere i Benefici nel Tempo:

1. **Riflessione Periodica:** Prenditi del tempo ogni mese o trimestre per riflettere sulle tue abitudini, su cosa sta funzionando e su ciò che potrebbe necessitare di modifiche.
2. **Mantenere la Routine:** Le routine che promuovono il benessere mentale, come l'esercizio, la meditazione o il journaling, possono perdere la loro efficacia se non vengono mantenute regolarmente. La costanza è la chiave.
3. **Ricerca Continua:** La ricerca nel campo della salute mentale è sempre in evoluzione.

Mantieniti aggiornato su nuovi studi, terapie e strategie che potrebbero emergere.

4. **Sostegno Continuo:** Anche se ti senti meglio, continuare a vedere un terapeuta o partecipare a gruppi di supporto può fornire una rete di sicurezza e prevenire possibili ricadute.

Risorse per Ulteriore Supporto:

1. **Professionisti della Salute Mentale:** Psicologi, psichiatri, e consulenti sono addestrati a fornire supporto e strategie personalizzate.

2. **Libri e Pubblicazioni:** Ci sono numerosi libri dedicati alla gestione dell'ansia, della depressione e degli attacchi di panico. Mantieniti informato e continua ad apprendere.

3. **App e Tecnologia:** Esistono molte applicazioni per smartphone e tablet che offrono esercizi di meditazione, tracciamento dell'umore, e altre risorse utili.

4. **Gruppi di Supporto Comunitario:** Questi gruppi possono offrire un senso di comunità e comprensione, permettendoti di condividere le tue esperienze e imparare da quelle degli altri.

In conclusione, la gestione dell'ansia, degli attacchi di panico e della depressione è un viaggio, non una destinazione. Ciò che conta è l'impegno costante verso il benessere, la disponibilità ad adattarsi e cercare supporto quando necessario. Ricorda, non sei solo in questo viaggio, e ci sono molte risorse e strategie disponibili per aiutarti lungo il cammino.

Conclusione: Dal Comprendere al Mantenere - Un Viaggio verso il Benessere Mentale

Abbiamo intrapreso un percorso completo attraverso la comprensione e la gestione dell'ansia, degli attacchi di panico e della depressione. Dalla storia alla diagnosi, dai sintomi alle terapie, dalle strategie quotidiane alle risorse complementari, ogni capitolo ha fornito strumenti e consigli per aiutarti a vivere una vita più equilibrata e serena.

Riassunto dei Punti Chiave:

1. **Comprensione:** Definizione e differenziazione tra ansia, attacchi di panico e depressione.

2. **Storia e Statistiche:** L'evoluzione della nostra comprensione e l'incidenza attuale di queste condizioni.

3. **Cause:** Genetica, ambientale, biologica, psicologica.

4. **Sintomi e Diagnosi:** Manifestazioni e strumenti di identificazione.

5. **Impatto Quotidiano:** Come queste condizioni influenzano relazioni, lavoro e autostima.

6. **Strategie di Coping:** Respirazione, mindfulness e gestione del pensiero.
7. **Terapie:** Terapie cognitive comportamentali, farmacoterapia, tecniche di rilassamento e altro.
8. **Stile di Vita:** Alimentazione, esercizio fisico, sonno e strategie naturali.
9. **Ambiente e Socialità:** Creare spazi calmanti, stabilire routine, limitare l'esposizione ai media e trovare supporto sociale.
10. **Strumenti e Risorse Complementari:** Journaling, terapie con animali, tecniche di visualizzazione, rimedi olistici e alternative.

Risorse Utili:

- **Siti Web:**
  - Anxiety and Depression Association of America (ADAA): Offre informazioni, risorse e supporto per chi soffre di ansia e depressione.
  - Mind: Fornisce consigli e supporto per chi affronta problemi di salute mentale.
- **Guide e Libri Consigliati:**
  - "The Anxiety and Phobia Workbook" di Edmund J. Bourne
  - "Feeling Good: The New Mood Therapy" di David D. Burns
  - "The Body Keeps the Score" di Bessel van der Kolk

- **App Utili**:
  - **Headspace:** Meditazione e mindfulness.
  - **Calm:** Tecniche di rilassamento e storie per dormire.
  - **Moodpath:** Tracciamento dell'umore e insight sulla salute mentale.

In conclusione, è fondamentale ricordare che ogni individuo è unico e ciò che funziona per una persona potrebbe non essere efficace per un'altra. L'importante è persistere, cercare aiuto quando necessario, e continuare a informarsi e adattarsi. La salute mentale è un viaggio continuo, e con le giuste risorse e strategie, puoi navigare attraverso le sfide con resilienza e speranza.